豪快＆爆速バーベキュー

BBQ 絶対うける レシピ70

バーソロミュー・ブック

宝島社

はじめに

この本を手に取っていただきありがとうございます！
バーソロミュー・ブックと申します。

普段はTikTokを中心に、Instagram、YouTubeなど
いろいろなSNSで料理動画を投稿しています。
「家でつくるときはなんてことない料理も、川でつくるとなぜかおいしく感じる」。
そんな僕の気持ちに共感してくださる視聴者の方がいっぱいいて、
おかげさまでTikTokのフォロワー数は150万人を突破しました。

2020年に出した1冊目のレシピ本『世界一美味しい 絶品&最速BBQレシピ』では、
「バーソロミュー・ブックといえば！」なレシピを中心に、
「アウトドア飯ってこんなにカンタンでいいんだ！」と思ってもらえる料理を紹介しました。
たくさんの方に読んでいただき、今回3年越しに2冊目のレシピ本を出すことになりました！

今回の本には、前作からさらにパワーアップした
BBQ・アウトドア飯が約70品分つまっています。
すでにTikTokに投稿している料理以外にも、
本を買ってくれた人だけに教えるレシピもたくさん準備しました。
「焼くだけ」「煮るだけ」のレシピもあるので、料理がちょっと苦手な方も
ぜひチャレンジしてみてください！

視聴者の方や、読者の皆さんが、この本を片手に
アウトドア飯を楽しんでくれたらうれしいです。

バーソロミュー・ブック

目次

PART 1 ガッツリ満足! 1品レシピ

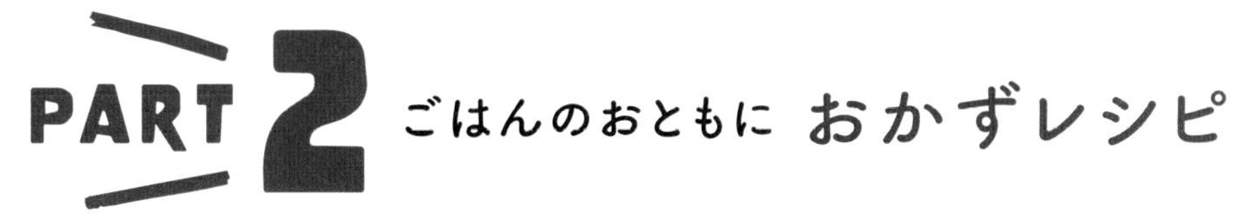

PART 2 ごはんのおともに おかずレシピ

PART 3 アレンジ無限大 チャーハンレシピ

PART 4 飲みたいときの おつまみレシピ

PART 5 おいしさで目覚める 朝ごはんレシピ

★本書は、1-5章67品+コラムのソースレシピ5品で合計【72品】になります。

バーソロ流

BBQ料理の基本の『き』

本格的な野外料理には専門的な道具が必要になるイメージですが、
身近な道具で簡単においしい川飯をつくるのがバーソロ流です。
このポイントを知っておけば、初心者でもキャンプ飯やBBQを気軽に楽しめますよ！

手軽にBBQを楽しむ3つのコツ

コツ1 余分な手間とゴミを減らす！ レトルトやインスタント食品をフル活用

調理道具や設備が整っていない野外料理において、基本は手抜きが重要！　いかに手間を省くかが荷物の軽量化やゴミを減らすことにつながります。そこで活用したいのがレトルトやインスタント食品。特にレンチンするレトルトごはんがチャーハンやドリアに大活躍します。野菜やねぎなどの薬味もスーパーやコンビニで売っているカット野菜を使うことで切る手間がなく、野菜くずも出ません。冷凍食材も便利で、凍ったまま持っていくと調理するころには解凍されています。

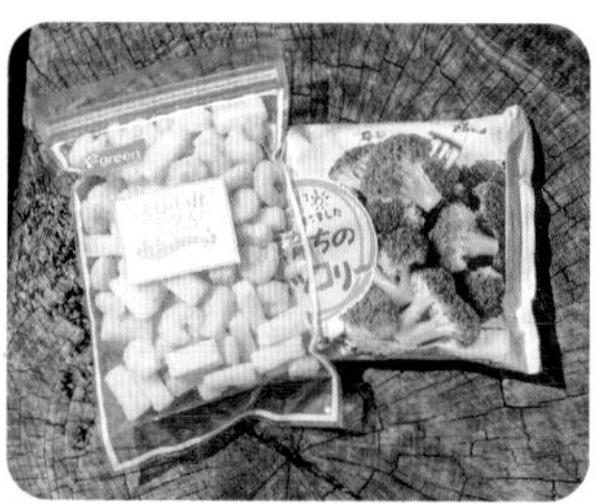

コツ2 味つけ不要の食材で簡単に味が決まる！

そのまま食べられる食材を使えば、簡単においしくできます。おすすめの味つけ不要食材は「チーズ」「ソーセージ」「ベーコン」。この3食材とほかの食材を組み合わせるだけで、無限大にレシピのバリエーションが広がります。下処理不要の缶詰もGOOD！

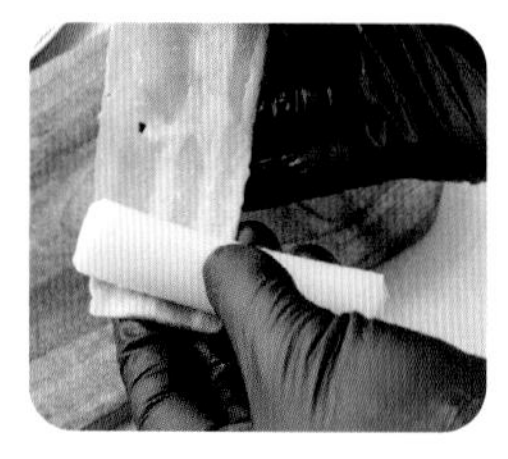

コツ3 フライパンや鍋ひとつでつくれば片づけもラクちん！

重たい荷物を運んだりあと片づけに時間がかかったり……これらの要素は野外料理の楽しさを半減させます。なので、鍋ひとつ、フライパンひとつで完成するレシピがおすすめ。つくるのも簡単なうえ、洗い物が少なくなるのが◎。鍋のまま食べるのもワイルドでいいもんですよ！

野外料理に欠かせないバーソロの7つの道具

野外で料理をつくるときに役立つ愛用アイテムを紹介します。

アイテム1【蓋つきの鉄鍋】

フライパンや鍋も使いますが、深さがあって蓋つきの鉄鍋があると便利です。焼く・茹でる・蒸す・揚げるなど調理の幅もグンと広がります。鉄鍋は冷めにくいのでアツアツをキープできるのもうれしいところ。

アイテム2【ナイフ・包丁】

自宅で使っている包丁でも問題ないですが、初心者にはケースがついたアウトドア用のナイフや、折りたたみ式のナイフが安全に持ち運べておすすめです。ナイフは薪を削るなど焚き火の際にも使えます。

アイテム3【カッティングボード】

小さめのカッティングボードをまな板代わりにしています。これがあれば、砂利の上でも安定して食材をカットすることができます。仕上がった料理をのせて、皿代わりにするのもおしゃれです。

アイテム4【ペーパータオル】

アツアツの鍋の下に敷いたり、調理したあとに汚れをふき取ったりと大活躍。使い終わったペーパーを焚き火にくべてしまえばゴミが減ります。

アイテム5【割りばし】

調理をするときに欠かせないのが割りばし。軽くてかさばらないし、調理後に燃やしてしまえばゴミも減らせます。コンビニなどでもらったものをストックしておくと便利ですよ。

アイテム6【ゴム製の手袋(BLACK)】

食材を直でさわることも多いので、動画を撮影するときには衛生管理上ゴム手袋をつけています。バーソロカラーを出したくて、あえて黒にしてみました。

アイテム7【相棒リチャード】

動画を撮影しはじめた当初から、一緒に川に連れていっているワンコです。「リチャード」と命名したのですが、その理由は思い出せません(笑)。

バーソロ流

焚き火の火おこしのコツ

野外料理に欠かせないのが焚き火。一見火をおこすのは難しいと思われますが、道具さえあれば誰でも簡単に焚き火ができます。火は調理するだけでなく、暖を取ったり暗闇を照らしたり、炎を眺めるだけでも癒やされるのでキャンプに欠かせません。

5つのものがあれば焚き火ができる！

アイテム 1 薪

ホームセンターなどで買った薪なら乾燥していて火がつきやすいです。落ちている枯れ葉や枝も燃やすなら、乾いたものを選別しましょう。

アイテム 2 炭

炭は火を長持ちさせるので、焚き火がすぐに消えてしまわないように薪と組み合わせて使用します。炭は煙が少ないのも特徴。

アイテム 3 着火道具

ライターやマッチなどで火をつけます。ガストーチも便利ですが、初心者なら柄の長いタイプのライターが安全でおすすめ。

アイテム 4 焚き火の土台

直火NGのキャンプ場も多いので、自然を守るためにも焚き火をするときには金属製の土台を置きましょう。100円ショップで買える蒸し器はコンパクトで便利です。

アイテム 5 火ばさみ

薪や炭を操作するのに必ず使うのが火ばさみ。火力調整だけでなく、小枝を拾ったり、ゴミをはさんで捨てたりと幅広く使えます。

あったら便利な＋α プラスアルファ

アイテム 1 ガスバーナー

天候などの自然条件や慣れ具合などによって、いつでも火がおこせるわけではありません。火がおこせても調理には不十分な火力だったりする場合もあるので、そんなときはガスバーナーを使ってOK！

アイテム 2 着火剤

火がなかなかつかない場合は着火剤をうまく活用しましょう。事前に炭や薪にぬって火をつければ一気に燃えます。火をつけてから着火剤を追加しようとすると、手や衣類に引火してヤケドの原因にもなるので注意！

バーソロが伝授する火のおこし方

STEP 1

土台に炭を置く

土台になる金属プレートに炭を置きます。炭の大小をまんべんなく広げ、空気が通って火がつきやすいように重ねていくイメージで。

STEP 2

薪を「井」の字に組み立てる

炭の上に薪を2本のせたら、「井」の字になるようにもう2本上にのせて組み立てます。

STEP 3

薪を細く割り、先を削る

火がつきやすいよう薪を細く割ります。さらにその四隅をナイフを使って毛羽立つように削ります。

STEP 4

組み立てた薪に削った薪を入れ、火をつける

STEP2で組み立てた「井」の字の真ん中の空洞に、**STEP3**で削った薪を数本入れます。火が燃え移るように削った部分に着火します。

STEP 5

薪の皮でさらに燃やす

薪に火が燃え移ったらさらに燃えるよう、燃えやすい薪の皮の部分を入れて火力を上げていきます。

STEP 6

薪をくべて炎を大きくする

土台になる薪がほどよく燃えたら薪を追加して燃やし続けます。炎がある程度大きくなったら調理ができる火力です。あとは薪や炭を絶やさず、火力をキープしましょう。

調理後のあと片づけ

自然を守るためにも、あと片づけはしっかり・ていねいにおこなうのがマナーです！

STEP 1

残った炭に水をかける

焚き火がある程度燃え切ったら、残った炭に水をかけます。火が完全に消えるまでたっぷりかけましょう。

STEP 2

燃えガラをゴミ袋に入れる

完全に火が消えたら炭の燃えガラをゴミ袋に入れて持ち帰りましょう。帰宅後、自治体のルールにしたがってゴミ出しを。

STEP 3

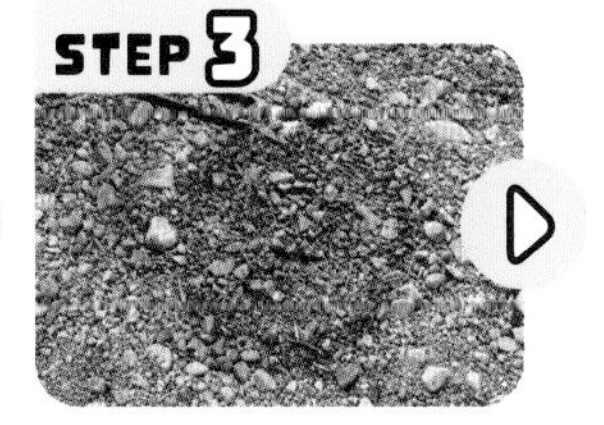

焼け落ちた炭も忘れずに！

飛びはねたり、風で飛ばされた炭を忘れずにきちんと拾い集めましょう。火ばさみを使ったり、細かいものは手で拾って。

STEP 4

砂利をならして原状回復を

土台があるとはいえ、火をおこした部分は焼けたあとがわかります。手で砂利をならしてなるべく原状回復をしましょう。

※使い終わった炭やゴミの捨て方は、それぞれBBQ場やキャンプ場の指示にしたがって片づけましょう。

本書の見方

カロリーなんて気にしない!

チーズ好きのための
チーズリゾット

NEW! RECIPE

TOOL スキレット

夜中に
TikTokを
見たのが
間違いだった…

これなら料理が
まったくできない
自分でも
つくれそう

バーソロ's POINT!
2種類のチーズで濃厚な仕上がりに。スライスチーズマシマシ、粉チーズモリモリでももちろんOK!

CHECK!

5.5万件

材料

ごはん(レトルト)	200g
ベーコン(角切り)	100g
牛乳	100ml
スライスチーズ(チェダー)	1枚
粉チーズ	適量
オリーブオイル	小さじ1
塩、ブラックペッパー	適量

つくり方

1 ごはんとベーコンを炒める
スキレットにオリーブオイルをひき、ごはんとベーコンを炒める。

2 牛乳とチーズを入れる
牛乳を回しかけてごはんをほぐす。塩で味をととのえ、スライスチーズをのせる。

3 粉チーズをかける
スライスチーズが溶けたら、粉チーズとブラックペッパーをかける。

14　15

PART 1 1品レシピ

Ⓐ 材料
レシピに必要な材料の一覧です。肉の枚数や野菜の分量などは目安になります。

Ⓑ つくり方
料理のつくり方を2～3工程までで説明しています。

Ⓒ NEW RECIPE
本書ではじめて登場する新作レシピを示したマークです。

Ⓓ 道具アイコン　メインで使用する調理器具を示しています。

中華鍋　ホットサンドメーカー　鍋　せいろ　網　たこ焼き器

Ⓔ バーソロ'sポイント
おいしさのポイントや、うまくつくるためのコツなどを解説します。

Ⓕ CHECK
QRコードを読み取ると、TikTokにUPされているレシピの動画にジャンプします。

Ⓖ いいね数
TikTokにUPされている動画のいいね数です。(2023年4月時点)

レシピページの表記について

- 大さじ1は15ml、小さじ1は5mlです。
- 火は基本的に焚き火を使用しており、火力は中火～強火程度です。ガスコンロやIHで調理する場合は、中火で様子を見ながら調整しましょう。
- 表記している調理器具はあくまで推奨のものです。持っていない場合は、手持ちの器具で代用してください。

ガッツリ満足！
1品レシピ

丼ものや麺類など
「これさえつくればOK！」なレシピを紹介。
ボリューム満点のレシピで、
心もお腹も満たされること間違いなし。

カロリーなんて気にしない!
チーズ好きのための
チーズリゾット
これなら料理が
まったくできない
自分でも
つくれそう
CHECK!
5.5万件

材料

- ごはん（レトルト）…… 200g
- ベーコン（角切り）…… 100g
- 牛乳 …… 100ml
- スライスチーズ（チェダー）…… 1枚
- 粉チーズ …… 適量
- オリーブオイル …… 小さじ1
- 塩、ブラックペッパー …… 適量

つくり方

1 ごはんとベーコンを炒める

スキレットにオリーブオイルをひき、ごはんとベーコンを炒める。

2 牛乳とチーズを入れる

牛乳を回しかけてごはんをほぐす。塩で味をととのえ、スライスチーズをのせる。

3 粉チーズをかける

スライスチーズが溶けたら、粉チーズとブラックペッパーをかける。

にんにくの風味が食欲をそそる

牛乳でつくる まろやかクリームうどん

CHECK!

8.9万件

急激にうどんが
食べたくなった

材料

サラダ油	小さじ1
にんにく	1かけ
玉ねぎ	1/4個
ソーセージ	2本
牛乳	200ml
茹でうどん	1玉（130g）
青ねぎ	適量
塩、ブラックペッパー	適量

つくり方

1 具材を炒める

フライパンにサラダ油をひき、スライスしたにんにくを炒める。薄切りにした玉ねぎと、ななめに切ったソーセージを加えて炒める。

2 うどんを入れる

牛乳を加え、温まったらうどんを入れてほぐす。塩と小口切りにした青ねぎを加え、ブラックペッパーをふる。

バーソロ's POINT!

ブラックペッパーは気持ち多めに。味がもの足りないときは、ソーセージを味付きのものにかえよう。

冷凍グラタンのコロッケバーガー

TOOL 鍋

材料

- グラタン（市販・冷凍）…… 1/2個
- たまご …… 1個
- 小麦粉 …… 小さじ2
- パン粉 …… 適量
- サラダ油 …… 適量
- イングリッシュマフィン …… 1個
- スライスチーズ（チェダー）…… 2枚
- レタス …… 2枚
- A ケチャップ …… 小さじ1
- A マヨネーズ …… 小さじ1
- A ウスターソース …… 小さじ1/3

バーソロ's POINT!

パン粉を2回つけると衣がはがれにくく、ザクザクッとした食感も楽しめて一石二鳥！

つくり方

1 コロッケをつくる

グラタンに小麦粉をまぶし、溶いたたまごをつけ、パン粉をつける。その上からもう一度たまごに浸して、ふたたびパン粉をつける。

2 コロッケを揚げる

鍋にサラダ油を入れて170℃に熱し、**1**を7分ほど揚げる。

3 具材を挟む

イングリッシュマフィンを割り、スライスチーズ1枚、**2**、千切りにしたレタスをのせ、Aを混ぜ合わせたソースをかける。残りのスライスチーズをのせ、マフィンで挟む。

半熱たまごは幸せの味

バターライスのパカとろオムライス

シンプルなのが一番うまい！男飯！

CHECK!

2.3万件

材料

バター	15g
塩、こしょう	適量
ごはん（レトルト）	200g
サラダ油	適量
たまご	3個
ケチャップ、マヨネーズ	
ドライパセリ	適量

TOOL

バーソロ's POINT!

直火は家のコンロよりも火力が強いので、たまごが固まってきたら早めに火からおろそう。

つくり方

1 バターライスをつくる

フライパンにバターを入れて熱し、ごはんを炒める。塩、こしょうで味をととのえたら、おわんに取り出す。

2 オムレツをつくる

フライパンにサラダ油をひいて熱し、溶いたたまごを入れる。たまごをさいばしでかき混ぜながら加熱し、オムレツをつくる。

3 オムレツをのせる

1 を皿の上にひっくり返して **2** をのせ、ナイフで中心を切り左右に開く。ケチャップ、マヨネーズ、ドライパセリをかける。

肉の脂まで飲み干せるほどのおいしさ

極うま豚トロ丼

材料

ごはん（レトルト）	200g
にんにく	1かけ
しょうゆ	小さじ1/2
豚トロ	8枚
卵黄	1個分
塩、こしょう	適量
バター	20g
サラダ油	適量
レモン	1/2個

つくり方

1 ガーリックライスをつくる

中華鍋にバターの半量をひき、薄切りにしたにんにくを入れてこんがり焼く。残りのバターを加え、ごはんを入れて混ぜる。しょうゆ、塩、こしょうを加えて混ぜ、器に盛る。

2 豚トロを焼く

フライパンにサラダ油をひき、塩をふっておいた豚トロを焼く。レモンの半量をしぼって和える。

3 盛りつける

1の上に豚トロと卵黄をのせ、残りのレモンを添える。

ダイエット中に
見てしまった
悲しさ

見たら
わかる
うまいやつや

PART 1
1品レシピ

バーソロ's POINT!

豚トロは焼き目をつけるように焼くとめちゃうま。
ガーリック風味のごはんがさらに食欲をそそる!

3.8万件

中華鍋ひとつでできてラクちん!

豚バラとニラのスタミナラーメン

材料

豚バラ肉(スライス)	100g
ニラ	20g
白菜	1枚(100g)
ごま油	小さじ1
水	500ml
鶏がらスープの素	小さじ1
豆板醤(トウバンジャン)、しょうゆ	適量
中華蒸し麺	1玉(130g)

バーソロ's POINT!

とろっとしたあんかけ風のスープがおいしい1品。辛い味が好きな人は豆板醤を多めに入れると◎。

つくり方

1 具材を切る

豚バラ肉は4cmの長さに切る。ニラは3cmの長さに切り、白菜はざく切りにする。

2 スープをつくる

中華鍋にごま油をひいて熱し、豚バラ肉を炒める。白菜を入れて炒め、しんなりしてきたらニラを加える。水とスープの素、豆板醤、しょうゆを加える。

3 麺を入れる

麺を入れて、1分ほど茹でる。

ベーコンは入れずに巻くのがバーソロ流

ペペロンチーノのベーコン巻き

新しい発想!!
めちゃ好き!

CHECK!

材料

ベーコン …… 8枚
こしょう …… 適量
冷凍パスタ
(市販・ペペロンチーノ)
…… 1パック

TOOL

つくり方

1 ベーコンを並べる

ホットサンドメーカーの上にベーコンを4枚並べて、こしょうをふる。

2 パスタを上に置く

ベーコンの上に冷凍パスタを置く。冷凍パスタの上にベーコンを4枚並べて巻いたあと、こしょうをふる。

3 中身を加熱する

ベーコンがこんがりするまで、中火で両面を4分ずつ焼く。

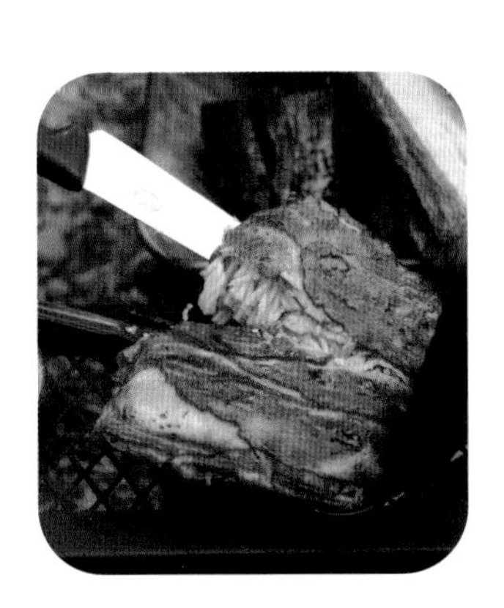

バーソロ's POINT!

ホットサンドメーカーでパスタも調理しちゃおう。カルボナーラやナポリタンで試すのもアリ。

ちょっともの足りないときの〆にもぴったり!

味噌風味の麻婆雑炊

バーソロ's POINT!

朝、昼、夜と時間を問わずに食べたくなるレシピ。
豆腐が入っているから食べ応えも抜群。

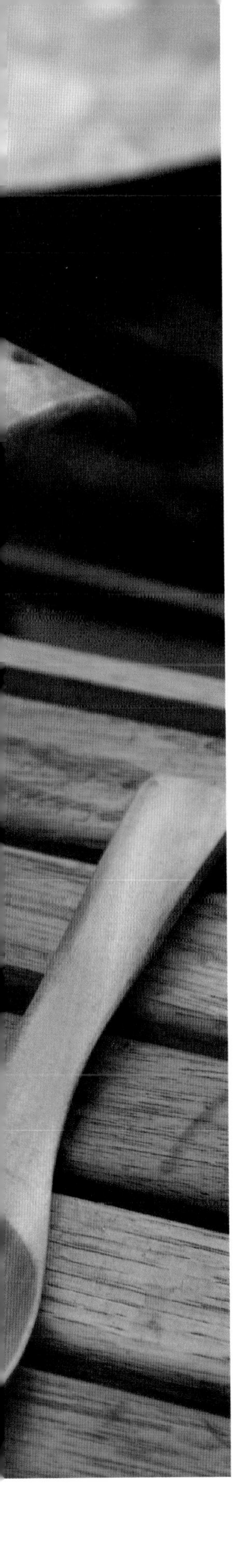

材料

ごま油	小さじ1
豚ひき肉	150g
青ねぎ	1/3本
A 鶏がらスープの素	小さじ1
A すりおろしにんにく	小さじ1
A すりおろし生姜	小さじ1
ごはん（レトルト）	100g
水	300ml
豆腐	1/2丁（150g）
味噌	大さじ1
豆板醤（トウバンジャン）	適量
たまご	1個

つくり方

1 具材を炒める

中華鍋にごま油をひき、豚ひき肉と小口切りにした青ねぎを炒め、Aを加える。

2 具材を煮込む

ごはんと水を加えてほぐし、賽（さい）の目に切った豆腐、味噌、豆板醤を加えて煮込む。

3 たまごを入れる

中央にたまごを割り、白身が固まってきたら火を止める。

パスタソースに缶詰を加えて満足度UP

サバ缶でつくる明太うどん

TOOL

材料

水……300ml
茹でうどん……1玉（200g）
明太パスタソース……1人前
サバの缶詰……1缶（120g）
海苔……適量

バーソロ's POINT!

サバの身は粗めにほぐして、あえて存在感を出してもGOOD。アウトドアでも家でも試せるレシピ。

つくり方

1 うどんを温める

鍋に水を入れて沸かし、うどんを温める。

2 うどんと具材を和える

ボウルに、水切りしたうどんとパスタソース、ほぐしたサバを入れて和える。

3 海苔をのせる

海苔を刻んでのせる。

鍋用スープを使えば調味料いらず

豚肉とアサリのクリームスンドゥブ

材料

- 豚バラ肉（スライス）…… 100g
- 豆腐 …… 1/4丁（75g）
- ねぎ（白い部分）…… 1/3本
- アサリ …… 100g
- キムチ鍋用スープ …… 1人前（200ml）
- 牛乳 …… 150ml
- 青ねぎ …… 適量

バーソロ's POINT!

「スンドゥブ」は韓国の定番料理。牛乳で仕上げると、辛味がおさえられてまろやかな味わいに。

つくり方

1 具材の下準備をする

豚バラ肉は食べやすい大きさに切り、豆腐は賽（さい）の目に、ねぎはななめ切りにする。アサリは塩水（分量外）で砂抜きしておく。

2 鍋で煮込む

鍋に牛乳以外の材料を入れて煮込み、火が通ったら牛乳を加えてさっと沸かす。

3 青ネギをのせる

小口切りにした青ねぎをのせる。

豪快な肉とのびるチーズソースが
最高に映える!

ステーキフォンデュ丼

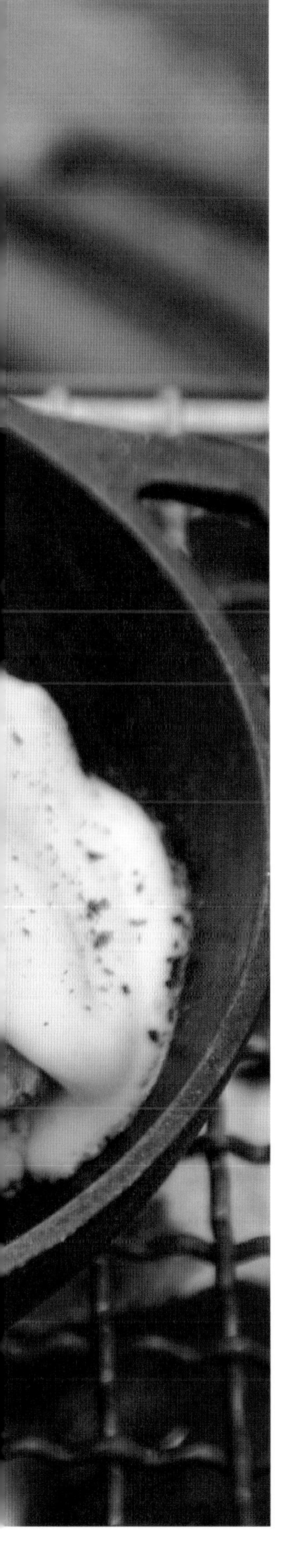

材料

オリーブオイル	小さじ1
にんにく	1かけ
牛肉（ステーキ用）	250g
シュレッドチーズ	50g
白ワイン	小さじ1
片栗粉	小さじ1
水	小さじ1
ごはん（レトルト）	200g
ブラックペッパー	適量

つくり方

1 牛肉を焼く

スキレットにオリーブオイルとスライスしたにんにくを入れて、香りが立ってきたら牛肉を焼き、取り出す。

2 チーズソースをつくる

スキレットにチーズとワインを入れて沸かし、ふつふつしてきたら水で溶いた片栗粉を入れ、火を止める。

3 丼に盛る

丼に温めたごはんを盛り、切った 1 をのせて 2 をかける。ブラックペッパーをふる。

バーソロ's POINT!

厚めのステーキ肉は表面を強火で焼き、中は好みの焼き加減になるまで弱火でじっくり焼こう。

にぎらずにたたんでいくだけで完成!

折りたたみ おにぎり

バーソロ's POINT!

具材をかえればアレンジも無限大。お気に入りの
3種類の組み合わせを探す旅に出よう!

材料

海苔 ……………………………… 1枚
ごはん（レトルト） ……………… 100g
カマンベールチーズ
…1/2個（厚みを半分に切ったもの）
ポークランチョンミート ………… 50g
キムチ（白菜） …………………… 15g

つくり方

1 海苔に具材をのせる

まな板に海苔を置き、中心まで下側の縦半分を切る。右下から反時計回りにチーズ、ランチョンミート、キムチ、温めたごはんの順にのせる。

2 海苔を折りたたんでいく

右下から順番に折りたたむ。

COLUMN

万能すぎる

カンタンソースレシピ5選

焼いた肉や野菜を食べるときに、いくつかの種類のソースがあれば味変が楽しめる。
どれもお手軽な材料で、すぐつくれるのでぜひお試しあれ。

＼クセになる／

サルサソース

玉ねぎ（1/2個）、ピーマン（1個）、にんにく（1かけ）、トマト（1/2個）をみじん切りにする。塩とブラックペッパーとタバスコ（すべて適量）、レモン果汁（小さじ2）を和える。

＼やっぱり王道／

BBQソース

ケチャップ（大さじ2）、ウスターソース（大さじ1）、にんにくすりおろし（1かけ分）、みりん（小さじ1）、しょうゆ（小さじ1）を煮詰める。

＼さっぱり和風／

自家製ポン酢しょうゆ

みかん（2個）の皮をむき、ビニール袋に入れて潰して搾る。搾りかすを取り出して、みかん果汁にしょうゆ（大さじ4）を加え、かつおぶし（適量）を入れる。

＼濃厚な味わい／

ピリ辛味噌ソース

ブラックペッパー（小さじ1）、味噌（大さじ1）、酢（小さじ2）、砂糖（小さじ2）、すりおろし生姜（適量）を混ぜ合わせる。

＼コクと旨味／

ごまマヨソース

すりごま（大さじ2）に、マヨネーズ（大さじ1）とラー油（少々）を加えて混ぜる。

ごはんのおともに おかずレシピ

アツアツごはんといっしょに食べたい
極上のおかずが集合。
アウトドアではもちろん、 家でも定番化できそうな
カンタンレシピが目白押し。

定番レシピも自然のなかで食べるとなぜかうまい

なんでもない鶏の唐揚げ

材料

鶏もも肉	1枚（350g）
塩、こしょう	適量
小麦粉	大さじ2
サラダ油	適量
レモン	1/4個
ブラックペッパー	適量

バーソロ's POINT!

屋外で調理するときは、ポリ袋を使うと洗いものが減らせるので後片づけもグッと楽に！

つくり方

1 下味をつける

鶏肉に塩、こしょうをふり、ポリ袋に入れて揉む。

2 小麦粉をまぶす

1 に小麦粉を加えて肉にまぶす。

3 油で揚げる

鍋でサラダ油を熱し、2 を170℃で7分ほど揚げる。
レモンを添え、ブラックペッパーをふる。

シャキシャキ食感がアクセント

アスパラとベーコンとたまごの炒めもの

一度は食べてみたい人

材料

たまご	1個
マヨネーズ	大さじ1/2
サラダ油	適量
アスパラガス	5本
ベーコン（スライス）	5枚
塩、こしょう	適量

TOOL

バーソロ's POINT!

アスパラは下ごしらえなしで使える扱いやすい野菜なので、アウトドアでもおすすめの食材。

つくり方

1 溶きたまごをつくる

たまごを溶き、マヨネーズを加えて混ぜる。

2 具材を炒める

中華鍋にサラダ油をひき、ひと口大に切ったアスパラガスと4cmの長さに切ったベーコンを入れて炒め、塩、こしょうをふる。

3 具材を混ぜる

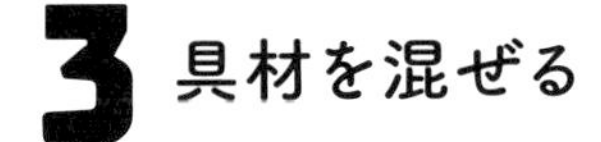

2に**1**の卵液を流し入れて、少し固まってきたらかき混ぜる。

しその香りが食欲をそそる

はんぺんとしその和風チーズinバーグ

めちゃくちゃうまそう！よだれ出てきた

CHECK!

5.1万件

材料

しそ	3枚
はんぺん	2枚
スライスチーズ	2枚
サラダ油	適量

つくり方

1 はんぺんをこねる

ポリ袋にはんぺんをちぎって入れ、刻んだしそを加えてよくこねる。

2 チーズを包んで成形する

スライスチーズを短冊状にちぎり、2等分して重ねる。**1**を2等分に分け、チーズを包みながら小判形に成形する。

3 焼き目をつける

スキレットにサラダ油をひき、**2**に焼き目がつくまで焼く。

バーソロ's POINT!

肉のかわりにはんぺんを使うとめちゃヘルシー! 最後にちょっとしょうゆを回しかけてもOK。

野菜のうまさが際立つ極上レシピ

うまみしかない せいろ蒸し野菜

材料

にんじん……1/2本
水菜……1束
豚肉（しゃぶしゃぶ用）……10枚
もやし……100g
A ポン酢しょうゆ……適量
A ねぎ（みじん切り）……適量

TOOL

せいろ

鍋

つくり方

1 せいろを火にかける

鍋にお湯を沸かし、せいろをのせて蒸気を上げておく。

2 豚肉で具材を巻く

豚肉の上に、千切りにしたにんじんと、同じ長さに切った水菜、もやしをのせて巻く。

3 せいろで蒸す

せいろに 2 を入れて、10分蒸す。A を合わせてつけだれにする。

毎回ほんとに
おいしそうで
一度でいいから
食べてみたい

まてまて
それは
うますぎる

バーソロ's POINT!

さっぱりした味わいで暑い時期にもぴったり。P32で紹介したソースレシピで食べてもおいしい!

CHECK!

2.2万件

チーズ明太たまご焼き

大人も子どもも絶対に好きなやつ

たまごのなかに三種の神器入れやがった

CHECK!

1.6万件

材料

サラダ油	小さじ1
たまご	3個
こしょう	適量
明太子	40g
青ねぎ	20g
シュレッドチーズ	50g

TOOL

バーソロ's POINT!

スキレットでたまごを混ぜれば洗いものも少なくて済む！ 折りたたむときは慎重に。

つくり方

1 たまごを流し入れる

スキレットにサラダ油をひき、たまごを割り入れる。こしょうを加えて、卵黄をつぶして軽くかき混ぜる。

2 具材をのせる

たまごの上に、ほぐした明太子と小口切りにした青ねぎ、チーズをのせる。

3 たまごを折りたたむ

たまごを半分に折りたたむ。

究極の豚キムチ

材料

サラダ油	小さじ1
豚バラ肉（スライス）	300g
ねぎ（白い部分）	1/3本
キムチ（白菜）	100g
青ねぎ	適量
サラダ油	適量
しょうゆ	小さじ2
ごま油	適量

TOOL

つくり方

1 具材を切る

豚バラ肉を4cmの長さに切る。ねぎの白い部分はななめに薄く切り、青ねぎは小口切りにする。

2 具材を炒める

スキレットにサラダ油をひいて熱し、豚バラ肉を焼く。キムチ、ねぎを加えてしょうゆを回しかけ、炒める。

3 青ねぎとごま油をかける

最後に青ねぎをのせ、ごま油を回しかける。

バーソロ's POINT!

ねぎの白い部分はこれでもかというぐらいたっぷり入れる！　アツアツごはんにのせてどうぞ。

このコンビはバーソロ的に間違いないやつ

チーズポテト春巻き

材料

- じゃがいも……2個
- さけるチーズ……2本
- 春巻きの皮……6枚
- サラダ油……適量

つくり方

1 具材を準備する

じゃがいもは皮つきのまま細切りにする。さけるチーズを細くさく。

2 具材を巻く

春巻きの皮の中央にじゃがいもとさけるチーズをのせる。春巻きの皮のフチに水をぬって巻く。

3 春巻きを揚げる

鍋にサラダ油を入れて170℃に熱し、**2** を5～6分揚げる。

バーソロ's POINT!

ホクホクのじゃがいもと無限にのびるチーズが最高にうまい！　おいしすぎるけどやけどには注意（笑）。

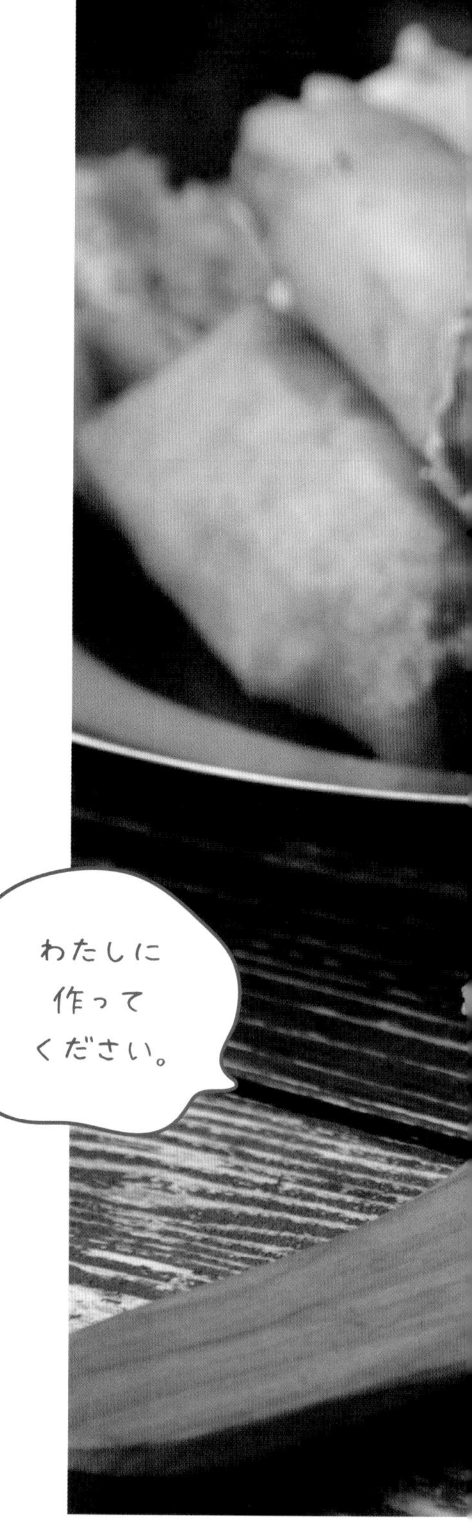

まずい
わけがない
CHECK!

カンタンだけど手が止まらない!

NEW! RECIPE

唐揚げ南蛮

材料

にんじん……1/3本
ピーマン……1個
ポン酢しょうゆ……100ml
鶏の唐揚げ(市販)……100g

バーソロ's POINT!

コンビニやスーパーで買える市販の唐揚げを使ってカンタンにできる! 好きな野菜でアレンジも◎。

つくり方

1 具材を切る

にんじんとピーマンを千切りにする。

2 具材をポン酢に漬ける

1と鶏の唐揚げをポン酢しょうゆに漬ける。

コクのある味はおつまみにもぴったり

NEW! RECIPE

冷凍たこ焼きの味噌煮

材料

A
- 麺つゆ（三倍濃縮）……大さじ2
- 水……大さじ4
- 砂糖……小さじ2

赤味噌……大さじ1
たこ焼き（市販・冷凍）……8個
青のり……適量

TOOL

つくり方

1 味噌を溶かす

スキレットにAを沸かし、味噌を溶く。

2 たこ焼きを煮る

たこ焼きを入れて煮る。たこ焼きに火が通ったら、青のりをふる。

バーソロ's POINT!

ソースかけるだけじゃ足りない！　そんな人はもういっそたこ焼きごと沈めてしまおう。

NEW!
RECIPE

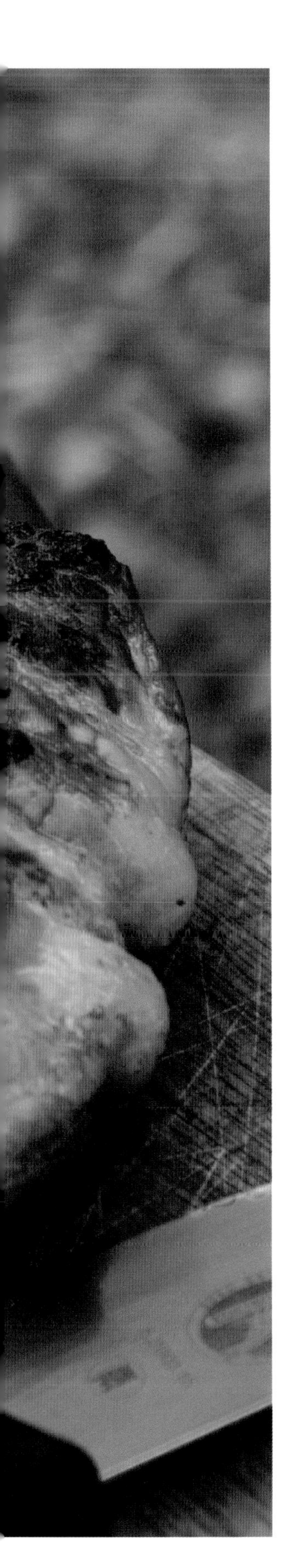

あふれるチーズがたまらない

チーズ入り はんぺんの 肉巻き

材料

はんぺん……1枚
スライスチーズ……4枚
豚バラ肉（スライス）……300g

つくり方

1 はんぺんにチーズを挟む

はんぺんを横半分に切り、チーズを挟む。

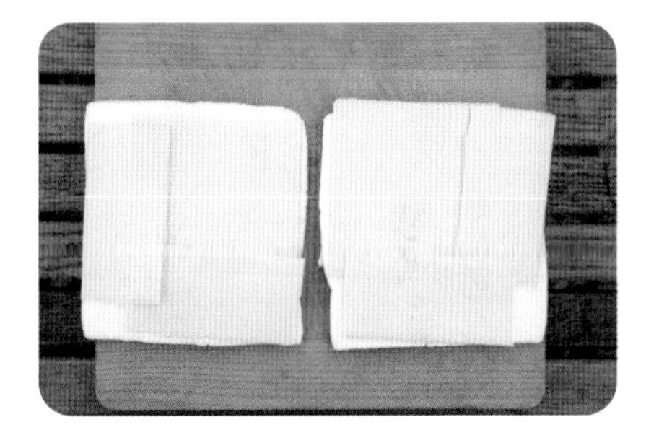

2 肉で包んで焼く

まな板に豚バラ肉を広げ、1を包んで両面をフライパンでこんがり焼く。

バーソロ's POINT!

肉がはがれないように、肉の両はしが重なっている面を先に焼こう。ひっくり返すときはゆっくり!

鶏肉とじゃがいもの チーズ焼き

材料

じゃがいも……2個
鶏むね肉……1/2枚（150g）
たまご……2個
シュレッドチーズ……50g
塩、こしょう、ドライパセリ……適量

TOOL

バーソロ's POINT!

蓋をして蒸し焼きにすることで、鶏肉がふっくらジューシーに。追いチーズもおすすめ。

つくり方

1 具材を準備する

じゃがいもは皮つきのままスライスして茹でる。鶏むね肉はひと口大に切る。

2 スキレットに具材を入れる

ボウルにたまごとチーズを入れて混ぜる。スキレットを熱して卵液を半分流し込み、上にじゃがいもと鶏むね肉を交互に並べ、塩、こしょうをふる。

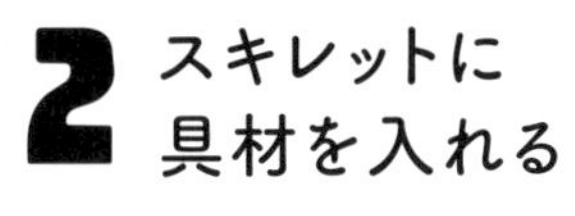

3 加熱する

残りの卵液をかけて、蓋をして弱火で10分焼く。ドライパセリをふる。

NEW! RECIPE

はしが止まらなくなる最強の味つけ

なすの生姜焼き

材料

サラダ油 …… 大さじ1
なす …… 3本
すりおろし生姜 …… 小さじ1
麺つゆ（三倍濃縮）…… 大さじ2
青ねぎ …… 適量

TOOL

つくり方

1 なすを炒める

スキレットにサラダ油をひき、乱切りにしたなすを炒める。

2 調味料と和える

火が通ったら、麺つゆとすりおろし生姜を入れて和え、
小口切りにした青ねぎをちらす。

バーソロ's POINT!

ごはん大盛りも余裕でクリアできちゃう絶品おかず。
最後の盛りつけはかつおぶしでも相性GOOD。

焼き鳥のタレと厚揚げがベストマッチ

焼き鳥の厚揚げサンド

TOOL

網

フライパン

材料

厚揚げ……1枚
キャベツ（千切り）……50g
焼き鳥の缶詰……1缶
しょうゆ……小さじ2

つくり方

1 厚揚げの表面を焼く

厚揚げは長さを半分に切って厚みを半分に切り、網の上で両面焼く。

2 焼き鳥を炒める

フライパンを熱し、キャベツと焼き鳥を焼く。しょうゆを回しかけ、キャベツがしんなりするまで炒める。

3 具材を挟む

1に**2**をのせて挟む。

バーソロ's POINT!

直火で焼いた厚揚げはアウトドアでしか味わえない。塩ダレでつくってもやっぱりうまい！

NEW! RECIPE

3種の具材でつくりやすい!

ピーマン すき焼き

材料

ピーマン……5個
牛肉（すき焼き用）……150g
しらたき……180g
麺つゆ（三倍濃縮）……75ml
砂糖……大さじ2
たまご……1個

つくり方

1 割下を準備する

フライパンに麺つゆと砂糖を入れて沸かす。

2 具材を入れて煮込む

千切りにしたピーマン、牛肉、しらたきを加えて煮込む。溶いたたまごをつけて食べる。

バーソロ's POINT!

ちょっと豪華にいきたいときにおすすめのすき焼き。割下に浸すとピーマンも食べやすい。

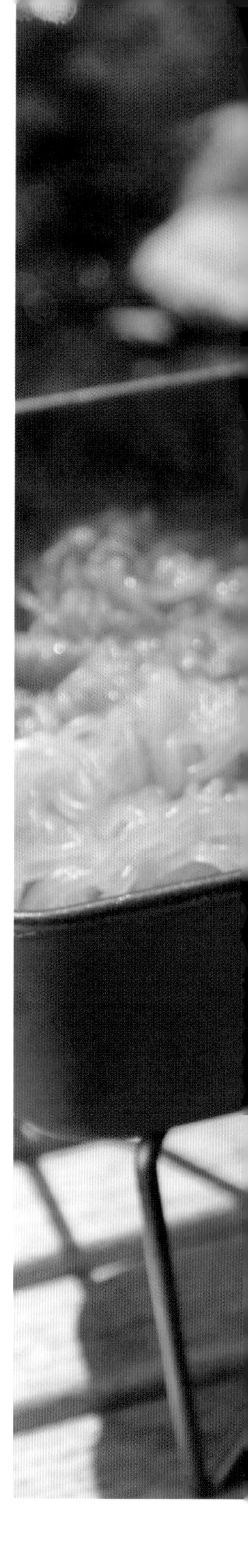

NEW! RECIPE

肉でお腹いっぱいになってきたときの口直しにも

ピリ辛無限ピーマン

材料

ごま油	小さじ1
ピーマン	5個
ベーコン（スライス）	2枚（30g）
A マヨネーズ	小さじ1
A しょうゆ	小さじ1
A 紅生姜	適量

TOOL

つくり方

1 具材を炒める

フライパンにごま油をひき、千切りにしたピーマンとベーコンをさっと炒める。

2 調味料と和える

火を止めてAを加え、よく和える。

バーソロ's POINT!

ピーマンは食感が残るように軽く炒めよう。
メインのおかずにプラスで1品ほしいときにも。

お手軽食材で本格的なおいしさに

春巻きの皮でつくる北京チキン

材料

- サラダ油 …… 小さじ1
- 鶏もも肉 …… 1枚（250g）
- 春巻きの皮（生食用）…… 5枚
- きゅうり …… 1/2本
- ねぎ（白い部分）…… 1/3本
- 甜麺醤（テンメンジャン）、こしょう …… 適量

TOOL

つくり方

1 鶏肉を焼く

フライパンにサラダ油をひき、鶏肉を押しつけながら焼いて皮をカリカリにする。

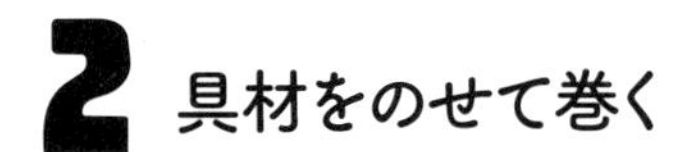

2 具材をのせて巻く

春巻きの皮に、千切りにしたきゅうりとねぎ、スライスした鶏肉をのせ、甜麺醤をかける。こしょうをふって巻く。

バーソロ's POINT!

鶏肉でお手軽につくれる北京ダック風レシピ。
春巻きの皮は、必ず生食できるものを選ぼう。

カリッともっちり食感にやみつき

シーフードチーズチヂミ

材料

小麦粉……大さじ3
たまご……1個
水……100ml
シーフードミックス（冷凍）……100g
ニラ……30g
粉チーズ……大さじ1
塩……小さじ1/4
ごま油……大さじ2
シュレッドチーズ……30g

バーソロ's POINT!

多めにごま油を使って焼くとカリカリに。ひっくり返しづらいときは一度お皿にあげると◎。

つくり方

TOOL

1 チヂミ生地をつくる

ボウルに小麦粉とたまご、水を入れてよく溶く。

2 具材を入れて焼く

生地にシーフードミックス、4等分の長さに切ったニラ、粉チーズ、塩を加えて混ぜる。フライパンにごま油大さじ1をひき、揚げ焼きにする。

3 チーズをかけて焼く

底に焼き色がついたらシュレッドチーズをのせてひっくり返し、残りのごま油を鍋肌から回しかけて揚げ焼きにする。チーズを上にして盛りつける。

PART 3

アレンジ無限大
チャーハンレシピ

バーソロといえばチャーハン!
無限に増えるチャーハンレパートリーの中から、
選りすぐりのおすすめ10品を伝授。

チーズにシーフードを足してボリューム感UP

進化した海鮮チーズチャーハン

シーフード
ドリアの
最上級みたい…
食べたいいいい
😋

CHECK!

1.4万件

材料

サラダ油	小さじ1
たまご	1個
ごはん（レトルト）	200g
塩、こしょう	適量
しょうゆ	適量
青ねぎ	1/3本
シーフードミックス（冷凍）	100g
シュレッドチーズ	100g
ブラックペッパー	適量

つくり方

1 チャーハンをつくる

中華鍋にサラダ油をひき、溶いたたまごとほぐしたごはんを入れて混ぜる。塩、こしょう、しょうゆを加えて味をととのえる。

2 チーズを溶かす

スキレットにシーフードミックスと小口切りにしたねぎを入れて炒め、塩、こしょうをふる。シュレッドチーズを加えて溶かす。

3 チャーハンにチーズをかける

1のチャーハンに**2**をかけて、ブラックペッパーをふる。

たまご好きをうならせるたまごの天国

ニラ玉天津チャーハン

卵under
卵in
卵on
チャーハン

早速試したぜよ😄
うまかったぜよ
ありがとう Good Job😊

CHECK!

14万件

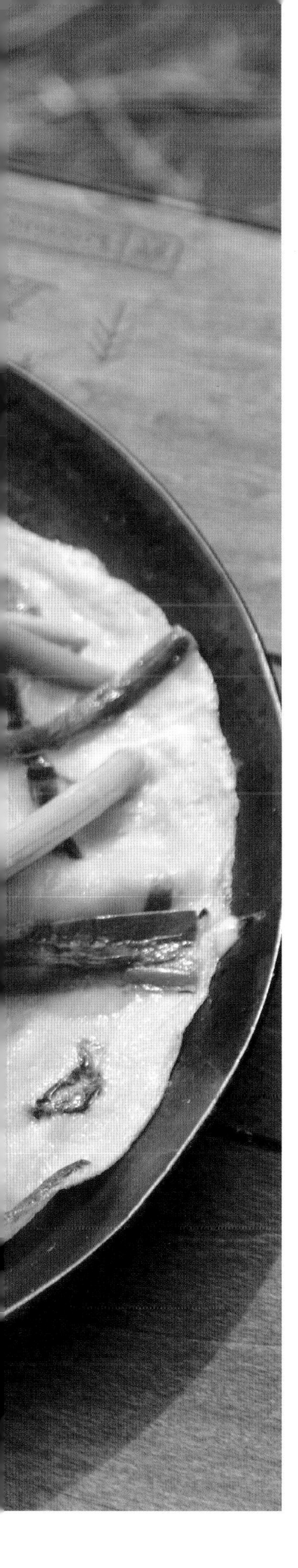

材料

サラダ油	大さじ2
たまご	3個
卵黄	1個分
ごはん（レトルト）	200g
ベーコン（角切り）	50g
青ねぎ	20g
しょうゆ	大さじ1
ニラ	20g
塩、こしょう	適量

つくり方

1 ごはんを炒める

中華鍋にサラダ油大さじ1をひいて熱し、たまご1個を割り入れてかき混ぜてからごはんを入れて炒める。

2 具材を入れる

ごはんがパラパラになったら、こしょう、ベーコン、小口切りにしたねぎ、しょうゆを加えて炒め、おわんに取り出して皿の上でひっくり返す。

3 たまごを焼いてのせる

フライパンに残りのサラダ油をひき、3cmの長さに切ったニラを炒める。たまご2個と塩、こしょうを混ぜた卵液を加え、たまごが半熟の状態で火からおろす。3 を 2 にのせる。上にくぼみをつくり、卵黄をのせる。

バーソロ's POINT!

中華鍋は熱が伝わりやすいので、たまごを半熟にしたいときは固まらないうちに火からおろしてもOK。

ワイルドすぎるスタミナ満点レシピ

ごろごろステーキのチャーハン

材料

サラダ油	小さじ2
牛肉（ブロック）	200g
ごはん（レトルト）	200g
たまご	1個
青ねぎ	適量
バター	5g
塩、こしょう、しょうゆ	適量

TOOL

バーソロ's POINT!

デッカイ肉とロマンがつまったチャーハン。バターしょうゆ風味がさらに食欲をかきたてる！

つくり方

1 肉を焼く

中華鍋にサラダ油小さじ1をひき、サイコロ状に切った牛肉を焼いたあと一度取り出す。

2 ごはんを加えて炒める

中華鍋に残りのサラダ油をひいて熱し、溶いたたまごとごはんを入れて混ぜる。塩、こしょうをふり、取り出した牛肉を加える。

3 味つけをする

小口切りにしたねぎを加えて炒める。バターを加え、しょうゆを回しかける。

中華の人気メニューを合体

しっとり系で
うまそうです。

冷凍餃子でつくる餃子チャーハン

CHECK!

4.1万件

材料

サラダ油	小さじ1
たまご	1個
ごはん（レトルト）	200g
白菜	2枚（150g）
ニラ	30g
餃子（市販・冷凍）	10個
塩、こしょう、しょうゆ、ラー油	適量

TOOL

中華鍋 / フライパン

バーソロ's POINT!

具材を切るときは、大きさをそろえると火の通りが均等に。ラー油をしっかりきかせるのがポイント！

つくり方

1 具材を切る

白菜とニラ、餃子4個をみじん切りにしておく。

2 チャーハンをつくる

中華鍋にサラダ油をひいて熱し、溶いたたまごとごはんを入れて混ぜる。1、塩、こしょうを加え、しょうゆとラー油を回し入れておわんに取り出す。

3 餃子を焼いて盛りつける

残りの餃子をフライパンで焼き、2をスキレットにひっくり返して餃子を飾る。

一度食べたら絶対にまた食べたくなる

クセになる キムタクチャーハン

これ娘に言われて
つくってみました！
たくあんが絶妙

たくあん
入れるの
いいっすね

CHECK!

1.2万件

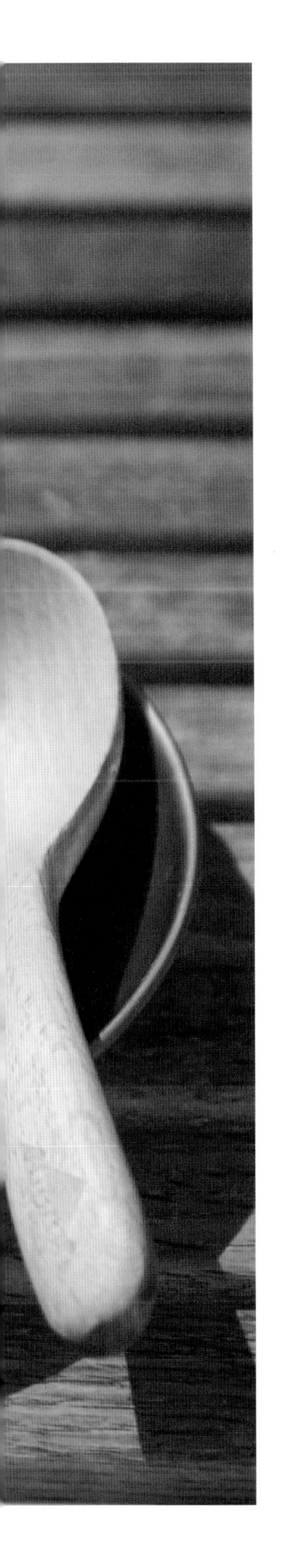

材料

サラダ油……小さじ1
豚バラ肉（スライス）……100g
塩、こしょう……適量
たくあん（スライス）……5枚
キムチ（白菜）……50g
ごはん（レトルト）……200g

つくり方

1 肉を炒める

中華鍋にサラダ油をひいて熱し、4cmの長さに切った豚バラ肉を入れる。塩、こしょうをふって焼き目をつける。

2 具材を加え炒める

1cm角に切ったたくあんとキムチを加えて炒める。

3 ごはんを入れて仕上げる

2 にごはんを入れてなじませる。

バーソロ's POINT!

たくあんのポリッとした食感で飽きずに食べられる！　おかわりがとまらないうまさ。

PART 3 チャーハンレシピ

材料

ソーセージ……5本
ごはん（レトルト）……200g
レタス……2枚
たまご……1個
サラダ油……小さじ1
しょうゆ、塩、こしょう……適量

TOOL

外で
つくったものって
うまそうに
見えるんだよなー

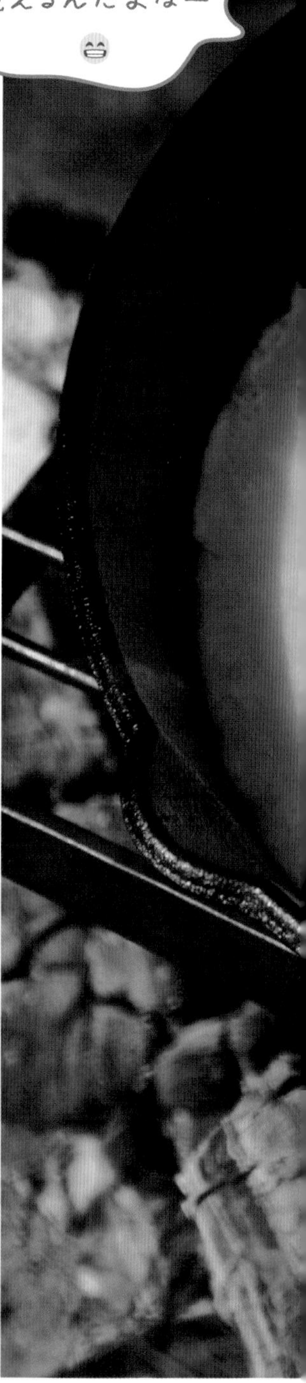

つくり方

1 ソーセージを焼く

中華鍋にサラダ油をひいて熱し、ななめ薄切りにしたソーセージを入れて焼き目をつける。

2 具材を加えて炒める

ごはんと一口大にちぎったレタスを加えて、しょうゆ、塩、こしょうを入れて炒める。おわんに取り出し、スキレットにひっくり返して盛る。

3 周りにたまごを流し込む

2の周りに溶いたたまごを流し入れ、半熟になるまで加熱する。

バーソロ's POINT!

レタスは油でしんなりするので多めに入れても大丈夫。
チャーハンとたまごを混ぜながら食べよう!

たまごをディップする新体験のおいしさ!

ふわとろたまごの レタスチャーハン

今これ見てる時間
夜中なんですけど……
めっちゃお腹空く

CHECK!

25万件

バターとチーズの濃厚な味わい

焼きチーズのパリパリチャーハン

CHECK!

2.5万件

パリパリ
チーズ好きには
たまりませんね

材料

サラダ油	小さじ1
ごはん（レトルト）	200g
青ねぎ	1/2本
たまご	2個
バター	5g
スライスチーズ	4枚
塩、こしょう	適量

TOOL

バーソロ's POINT!

カリカリに焼けたチーズをスプーンで割る瞬間が至高。バターライス風チャーハンがよく合う!

つくり方

1 チャーハンをつくる

フライパンにサラダ油をひいて熱し、小口切りにした青ねぎを炒める。ごはんに溶いたたまごを混ぜてから加え、塩、こしょう、バターを加えて炒め、おわんに取り出して皿の上でひっくり返す。

2 チーズを焼く

フライパンにスライスチーズを並べて、焼き目をつける。**1**の上に、焼き目を上にしてチーズをかぶせる。

味噌とマヨネーズのコクうま黄金コンビ

味噌マヨチャーハン

材料

- ごはん（レトルト） ……… 200g
- 味噌 ……… 大さじ1
- マヨネーズ ……… 大さじ1
- ホールコーンの缶詰 ……… 30g
- ナチュラルチーズ（個包装のもの） ……… 2個

バーソロ's POINT!

ごはんがマヨネーズでコーティングされるので、しっとり感とパラパラ感のいいとこ取りができちゃう。

つくり方

1 ごはんを調味料と和える

ボウルにごはんを入れ、味噌とマヨネーズをよく混ぜる。

2 ごはんと具材を炒める

フライパンに **1** を入れて炒め、コーンとチーズを加えて混ぜる。

NEW! RECIPE

アウトドアで役立つ缶詰アレンジ

サバ缶チャーハン

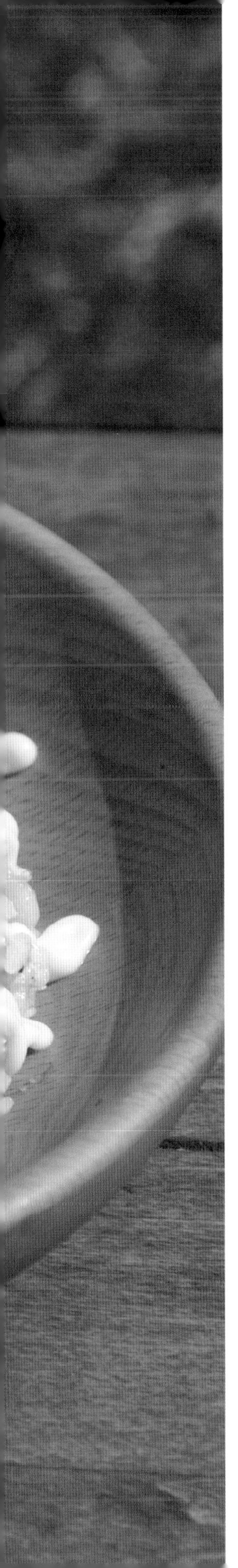

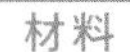

材料

サラダ油	小さじ1
たまご	1個
ごはん（レトルト）	200g
サバの缶詰	1缶（100g）
マヨネーズ	適量
しそ	3枚

つくり方

1 たまごを炒める

中華鍋にサラダ油をひき、たまごを割り入れて炒める。

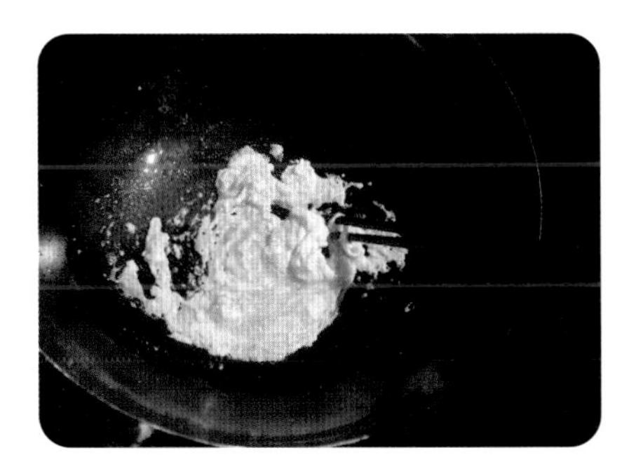

2 ごはんとサバを加える

ごはんとほぐしたサバを加え、炒める。

3 トッピングをのせる

2 を器に盛る。マヨネーズをかけて、千切りにしたしそをのせる。

バーソロ's POINT!

てっぺんにこんもりのせたしそがアクセント。サバ以外の好きな缶詰でアレンジしてももちろんOK！

PART 3 チャーハンレシピ

NEW!
RECIPE

見栄えも味も楽しめる!

カレーチャーハンのレタス巻き

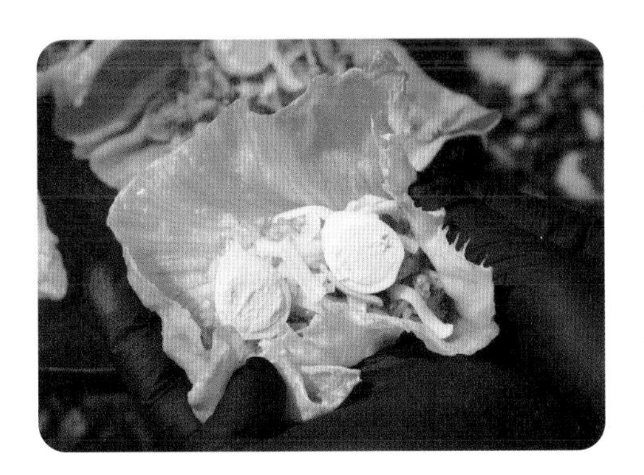

食べるときは
レタスでクルッと
包んで食べよう！

材料

うずらのたまご（茹でたもの）	4個
サラダ油	小さじ1
ごはん（レトルト）	200g
カレー粉	小さじ1/2
塩、こしょう	適量
レタス	4枚
シュレッドチーズ	適量

つくり方

1 チャーハンをつくる

中華鍋にサラダ油をひいてごはんを炒め、カレー粉と塩、こしょうで味をととのえる。

2 レタスにのせる

レタスに**1**と半分に切ったうずらの茹でたまご、シュレッドチーズをのせる。

バーソロ's POINT!

レタスやチーズでカレー粉の風味はマイルドになるので、少し濃いめに味つけしちゃってヨシ！

COLUMN

パラパラチャーハンをつくるコツ

家庭用のコンロとちがって、焚き火だと中華料理店のような高火力を実現できる。
ポイントをおさえて、絶品チャーハンをつくってみよう！

コツ 1

油をたっぷりと入れて温める

レシピで見たり、実際に計量したりしたときに「油が多い!」と感じる人もいるはず。パラパラに仕上げるために必要な量なので、減らさないで！　油を入れたら、まずは鍋の中で温めて鍋全体に油をなじませるのが大切。

コツ 2

レトルトのごはんは冷たいまま使う

レトルトのごはんは温めずに、パッケージのままもみほぐしてそのまま使うと、粘り気が少ないのでパラパラに仕上がりやすい。ごはんが固まりになっているときは、米をつぶさない程度にお玉の裏でたたこう。

コツ 3

中華鍋は前後に動かして振る

中華鍋を振るときは、食材を鍋の奥にぶつけるように鍋を前後させよう。しっかりと手前に引くことで、鍋の中の食材がフワッと持ち上がる。熱くなった鍋の表面に食材が当たることで、水分が飛んでパラパラに！

飲みたいときの おつまみレシピ

BBQやキャンプで飲むお酒は格別のおいしさ。
そんなときにサッとつくれて、
ついつい手がのびる最強のおつまみをご紹介。

とろけるチーズがボリューム満点!
チーズのベーコン包み
これ
焼いてるから
カロリー0だ
よね?
これぞ、飯テロ。
CHECK!
16万件

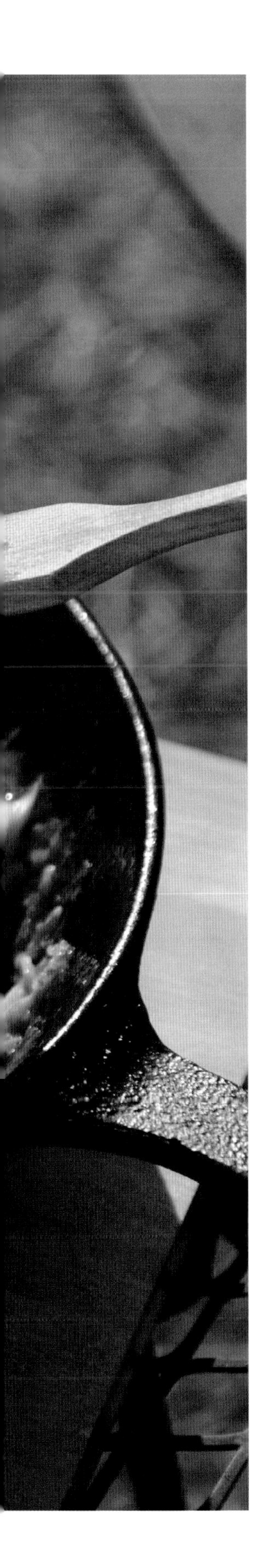

材料

ベーコン（スライス）……… 15～20枚
スライスチーズ …………… 10枚
シュレッドチーズ ………… 100g

つくり方

1 ベーコンとチーズを並べる

スキレットにベーコンをはみ出すように並べる。スライスチーズ5枚を重ねて入れる。

2 チーズをのせる

1の上にシュレッドチーズをのせ、残りのスライスチーズをかぶせる。

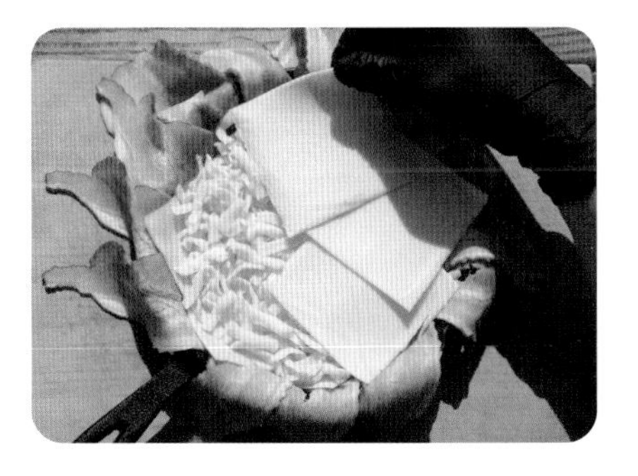

3 加熱する

スキレットからはみ出たベーコンを、チーズを包むように内側に折りたたむ。中火で6分ほど熱する。

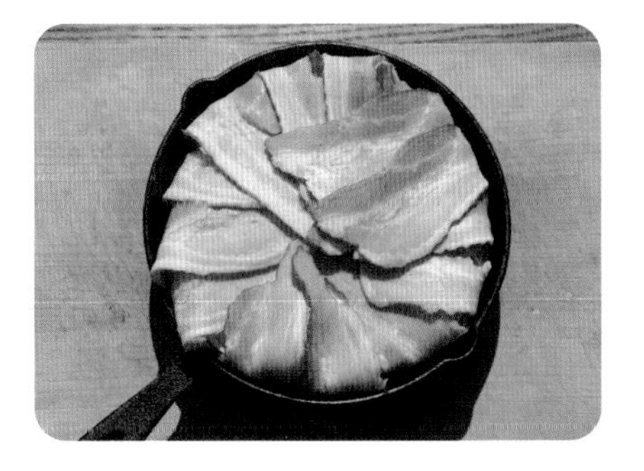

バーソロ's POINT!

2種類のチーズを使ったジャンキーな味わい。ビールや赤ワインに合わせてめしあがれ。

プリッとした食感が楽しい

たこ焼きに見せかけたちくわ焼き

材料

たこ焼き粉	75g
水	250ml
たまご	1個
青ねぎ	20g
ちくわ	4本
サラダ油	適量
紅生姜、揚げ玉、お好み焼きソース、マヨネーズ、青のり、かつおぶし	適量

バーソロ's POINT!

たこより持ち運びやすく、アウトドアで活躍するちくわ。屋外でのたこパは絶対に盛り上がる!

つくり方

1 タネをつくる

ボウルにたこ焼き粉、水、たまごを入れてよく混ぜる。

2 タネと具材を入れる

たこ焼き器にサラダ油をひき、1のタネを流し込む。紅生姜、揚げ玉、小口切りにした青ねぎ、ひと口大に切ったちくわを入れる。

3 焼いて盛りつける

ひっくり返して球体に焼いたら皿に盛り、お好み焼きソース、マヨネーズ、青のり、かつおぶしをかける。

TOOL

のびるチーズはやっぱり映える

ハム入りチーズドッグ

材料

食パン（8枚切り）……2枚
ハム……2枚
さけるチーズ……1本
たまご……1個
小麦粉、パン粉、サラダ油、
ケチャップ、マスタード……適量

TOOL

バーソロ's POINT!

韓国のB級グルメを食パンでお手軽に再現。たまごとパン粉は2度づけするとはがれにくくて安心！

つくり方

1 食パンで具材を巻く

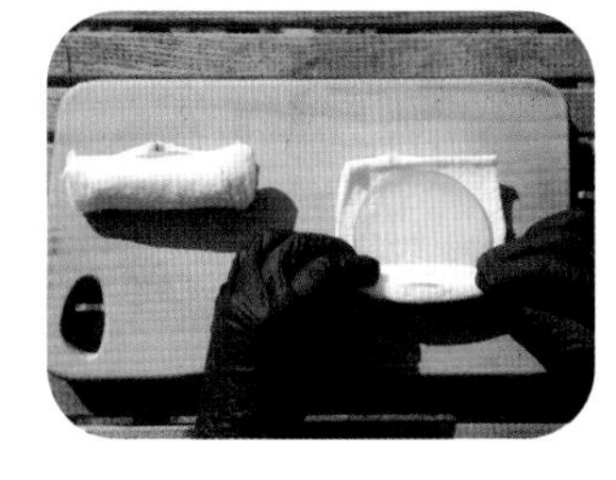

耳を切り落とした食パンを手で押さえてしっかり潰す。ハムと、2等分にさいたさけるチーズをのせ、パンで巻いたら手でぎゅっと握って形を整える。

2 粉をまぶす

1 に小麦粉をまぶし、溶いたたまごに浸してからパン粉をつける。

3 揚げる

鍋にサラダ油をそそいで180℃に熱して **2** を揚げる。ケチャップとマスタードをかける。

約束されたおいしい組み合わせ

たまごと食べるサーモンマヨ焼き

材料

サーモン（サク）……150～200g
卵黄……1個分
オリーブオイル、わさび、しょうゆ、マヨネーズ……適量

TOOL

バーソロ's POINT!

卵黄を入れやすいように輪にするのがポイント。サーモンや卵黄はサッと火を通す程度でOK。

つくり方

1 サーモンの形を整える

サーモンは長辺の片側に切り込みを入れて形を整え、端を楊枝で留める。

2 加熱する

スキレットにオリーブオイルをひいて**1**を入れ、中心に卵黄を入れて加熱する。

3 味つけをする

サーモンにわさびをのせ、しょうゆをかける。火からおろしてマヨネーズをかける。

一度食べたらまた食べたくなる

クリスピーチーズサンド

材料

サラダ油	適量
じゃがいも	1個
シュレッドチーズ	50g
ベーコン（スライス）	2枚

TOOL

バーソロ's POINT!

バーソロ定番食材のチーズ、じゃがいも、ベーコンだけでつくれちゃう超カンタンレシピ！

つくり方

1 具材を焼く

フライパンにサラダ油をひいて熱し、ベーコンと、皮ごと厚めに切ったじゃがいもを焼いて取り出す。

2 チーズを焼く

フライパンにシュレッドチーズを広げ、2つ折りにしたベーコンと同じ大きさくらいに4枚焼く。フチに焼き目がついたら、ヘラではがして取り出す。

3 チーズで具材をはさむ

1 のじゃがいもとベーコンを **2** ではさむ。

「BBQといえば肉」の常識をくつがえす

マグロのたたき風

材料

マグロ（サク）……200g
玉ねぎ……1/2個
ねぎ……20g
塩、ポン酢しょうゆ……適量

つくり方

1 マグロの表面を焼く

マグロに塩をまぶし、フライパンで表面をサッと焼く。

2 トッピングをのせる

1をそぎ切りにする。スライスした玉ねぎ、小口切りにした青ねぎをのせ、ポン酢しょうゆをかける。

バーソロ's POINT!

網の上で直接炙ってもアウトドア感満載でGOOD！　薬味はにんにくやみょうが、大葉もおすすめ。

川で釣った魚じゃ
ないんかーい😬

いつも
カンタンだから
いいんだよなー

CHECK!

1.8万件

大人も子どもも絶対に好きな味

明太マヨポテトのチーズ焼き

外で食べると、格別にうまいレシピだぁ

CHECK!

19万件

材料

- じゃがいも……2個
- 明太子……30g
- マヨネーズ……30g
- 牛乳または水……大さじ1
- スライスチーズ（チェダー）……1枚
- サラダ油、ドライパセリ……適量

TOOL

バーソロ's POINT!

表面はカリッと、中はホクホクなじゃがいもがうますぎる！　野菜など好きな具材を足しても◎。

つくり方

1 じゃがいもを焼く

じゃがいもは皮をむいてひと口大に切り、鍋で10分ほど茹でる。スキレットにサラダ油をひいて熱し、茹で上がったじゃがいもを入れ、焼き目をつける。

2 明太マヨをかける

明太子とマヨネーズ、牛乳（または水）を混ぜ、じゃがいもにかける。

3 チーズをのせて加熱する

スライスチーズをのせ、蓋をして1分ほど加熱する。チーズが溶けたら、ドライパセリをふる。

餃子の皮だから丸ごと食べられる!

カップつきミニエビドリア

材料

サラダ油	小さじ2
ごはん（レトルト）	200g
餃子の皮	16枚
牛乳	大さじ2
シュレッドチーズ	30g
むきエビ（冷凍）	16尾
塩、こしょう、ドライパセリ、ブラックペッパー	適量

バーソロ's POINT!

家でつくるなら餃子の皮をアルミカップにかえて、トースターで焼いてももちろんOK。

つくり方

1 餃子の皮を敷く

たこ焼き器にサラダ油をひき、餃子の皮を敷く。

2 皮の中にご飯を入れる

ごはんに牛乳を混ぜてほぐし、塩、こしょうとチーズを混ぜたら、餃子の皮の中に入れる。

3 具材をのせて加熱する

エビをのせ、ブラックペッパーをかけたらアルミホイルでたこ焼き器を覆い、加熱する。仕上げにドライパセリをふる。

厚揚げをおいしく食べるならこのレシピ

厚揚げのねぎ塩のせ

材料

厚揚げ……1枚
小麦粉……大さじ1
ごま油……大さじ2
ねぎ（みじん切り）……2本分
鶏がらスープの素……小さじ1
塩……適量

TOOL

バーソロ's POINT!

厚揚げは揚げ焼きにすると外はカリッと、中はフワッと食感に。このねぎ塩は何にかけてもうまい。

つくり方

1 厚揚げを焼く

厚揚げに小麦粉をまぶす。スキレットにごま油大さじ1をひき、厚揚げをカリカリに焼いて取り出す。

2 具材を炒める

スキレットに残りのごま油をひいてねぎと鶏がらスープの素、塩を入れ、よく炒める。

3 盛りつける

厚揚げを食べやすく切って皿に盛りつけ、**2** をのせる。

NEW! RECIPE

くるみの食感がポイント

クリームチーズかまぼこ

材料

- かまぼこ……1本
- クリームチーズ……大さじ2
- わさび（チューブ）……適量
- くるみ……適量
- 青のり……適量

バーソロ's POINT!

和えるだけなので、肉が焼けるのを待つ間にパパッと完成。サッとおつまみを出せたらめちゃかっこいい。

つくり方

1 クリームチーズとわさびを練る

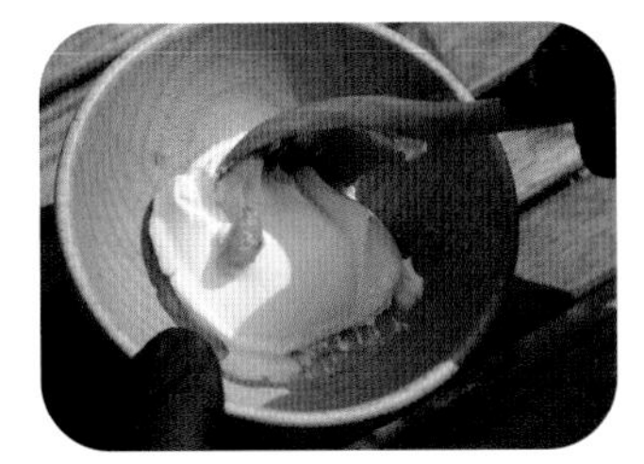

ボウルにクリームチーズとわさびを入れて、よく練る。

2 具材を和える

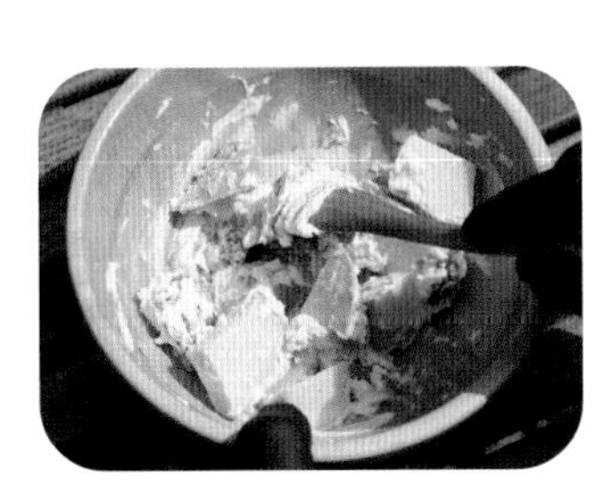

1 に乱切りにしたかまぼこと刻んだくるみを入れて和える。

3 盛りつける

器に盛り、青のりをふる。

パリパリの皮とフワフワの具が一度に楽しめる

はんぺんしゅうまい

材料

はんぺん……2枚
カニ風味かまぼこ……5本
アスパラガス……2本
しゅうまいの皮……16枚

つくり方

1 はんぺんを揉んで潰す

ポリ袋にはんぺんを入れて揉み、しっかり潰す。

2 具材を加えて揉む

細かく切ったカニ風味かまぼこと、輪切りにしたアスパラガスを加えてさらに揉む。

3 たこ焼き器で焼く

たこ焼き器にサラダ油をひき、しゅうまいの皮を敷く。 2 を適当な大きさに丸めて入れ、焼く。

バーソロ's POINT!

肉を使わないのでかなりヘルシー！ はんぺんを丸めるとき、中にチーズを仕込むのも◎。

そのままでもごはんにのせてもOK

サーモンとアボカドのポキ

材料

- アボカド……1個
- サーモン（サク）……200g
- しょうゆ……小さじ2
- ごま油……小さじ1
- レモン汁……小さじ1
- 韓国海苔……適量
- レモン（輪切り）……1枚

バーソロ's POINT!

刺身を野菜や調味料と和えた「ポキ」は、ハワイの定番グルメ。マグロやタコなど好きな魚介でつくろう!

つくり方

1 具材を切る

アボカドは半分に切って種を取り、皮をむいてひと口大に切る。サーモンは1cm角に切る。

2 調味料を入れて和える

1を器に入れ、しょうゆ、ごま油、レモン汁を回しかけてよく和える。

3 盛りつける

韓国海苔をちぎってのせ、レモンを添える。

ジュワッとあふれる肉汁の虜

揚げだし豚肉

材料

- 豚ロース肉（ブロック）…250g
- 小麦粉……大さじ1
- サラダ油……大さじ2
- 麺つゆ（ストレート）……100ml
- 大根おろし……適量
- 片栗粉……小さじ1
- 水……小さじ1
- 青ねぎ……適量

バーソロ's POINT!

焼いた肉に一手間加えるだけで、いつもとはちがう和風のBBQ料理が楽しめる！　ごはんのおともにも。

つくり方

1 豚肉を焼く

豚肉をひと口大に切り、小麦粉をまぶす。スキレットにサラダ油をひいて、豚肉をカリカリに焼いて取り出す。

2 ソースをつくる

スキレットに麺つゆと大根おろしを入れて加熱し、水で溶いた片栗粉を加えてとろみをつける。

3 肉とソースを和える

2を火からおろし、取り出した豚肉を加えて和える。皿に盛り、小口切りにした青ねぎをかける。

マジで無限に食べられる

トマトペペロン

材料

オリーブオイル	小さじ1
にんにく	1かけ
赤唐辛子（輪切り）	1/2本分
トマト（中）	2個
塩	適量
ドライパセリ	適量

TOOL

バーソロ's POINT!

トマトは温めすぎず、サッと火にかけるくらいでOK。やみつきになること間違いなし！

つくり方

1 にんにくと唐辛子を加熱する

スキレットにオリーブオイルをひき、スライスしたにんにくと赤唐辛子を熱する。

2 トマトを加えて和える

乱切りにしたトマトを入れて、軽く和える程度に炒める。塩で味をととのえ、火からおろす。

3 盛りつける

器に盛り、ドライパセリをふる。

PART 5

おいしさで目覚める
朝ごはんレシピ

気分を高めるこだわりのレシピから、
慌ただしい朝にもパパッとつくれる
カンタンレシピまで盛りだくさん。

豪快にはみ出していくのがバーソロ流

はみ出す ベーコンエッグ チーズサンド

材料

食パン（6枚切り）……2枚
サラダ油……適量
ベーコン（スライス）……2枚
たまご……3個
ブラックペッパー……適量
シュレッドチーズ……適量
レタス……2枚

つくり方

1 パンを焼く

パンを網で焼く。

2 具材を焼く

スキレットにサラダ油をひいて熱し、半分に切ったベーコンで囲いをつくってたまごを割り入れて焼く。ブラックペッパーとチーズをふりかけ、たまごが固まってきたら取り出す。

3 パンで具材を挟む

1に2とレタスを挟む。

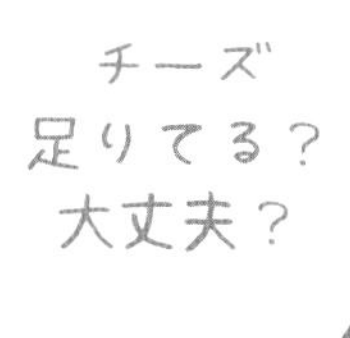

ねぇ、
バカうまそう！

バーソロ's POINT!

たまごを3個使ってつくるボリューム満点の1品。お好みでケチャップをかけてもGOOD！

CHECK!

1.3万件

見た目1億点の最強朝ごはん

エビとアボカドの わさびじょうゆサンド

CHECK!

材料

アボカド	1個
むきエビ(冷凍)	8尾
食パン(8枚切り)	2枚
A マヨネーズ	大さじ2
A わさび(チューブ)	適量
A しょうゆ	大さじ1/2
A 塩、ブラックペッパー	適量

つくり方

1 下準備をする

食パン2枚の片面に混ぜたAを半量ずつ塗る。アボカドは半分に切って種を取り、皮をむいてスライスする。

2 食パンと具材を挟んで焼く

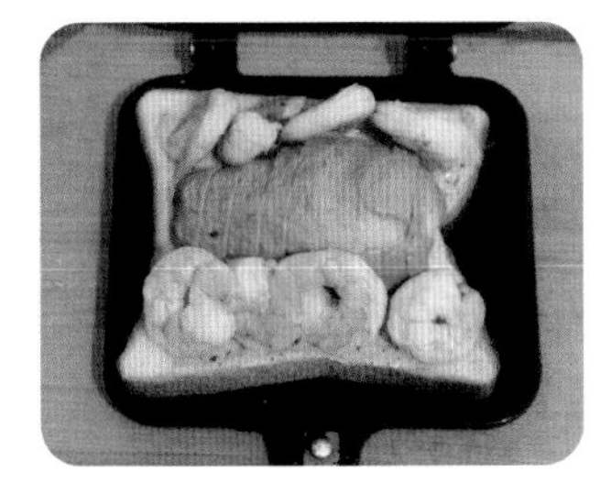

ホットサンドメーカーに食パン1枚を置いて、エビと、アボカドの半量をのせ、もう1枚のパンで挟んで焼く。

3 盛りつける

焼き上がったホットサンドの上に残りのアボカドをのせ、マヨネーズ(分量外)とブラックペッパー(分量外)をかける。

バーソロ's POINT!

アボカドとエビは間違いなしの組み合わせ。豪華な朝ごはんで気分も上がるはず。

材料

食パン（6枚切り）……1枚
ハム……2枚
茹でたまご……1個
ミニトマト……2個
シュレッドチーズ……適量
マヨネーズ、ブラックペッパー……適量

バーソロ's POINT!

パンが焼けたら、トーチバーナーを使って表面にこんがり焼き目をつけると見栄えのいい仕上がりに。

つくり方

1 食パンにハムをのせる

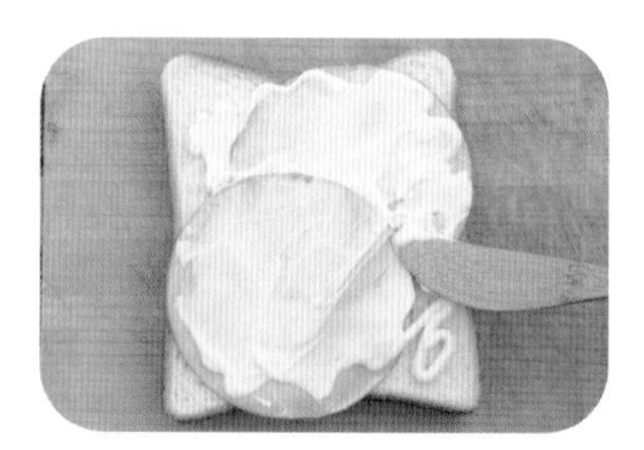

食パンにハムをのせ、マヨネーズを塗る。茹でたまごは半分に切り、ミニトマトは3等分の輪切りにする。

2 具材をのせる

ゆで卵、ミニトマトを順に並べ、シュレッドチーズとブラックペッパーをかける。

3 パンを焼く

スキレットにのせてアルミホイルで蓋をし、チーズが溶けるまで焼く。

編み込みの見た目がかわいい

ベーコンチーズブレッド

材料

パン（ホットドッグ用）……1個
ベーコン（スライス）……8枚ほど
シュレッドチーズ……適量
さけるチーズ……1本

バーソロ's POINT!

炭火は火力があるので焦がさないように気をつけて！

つくり方

1 具材を切る

パンは側面に切り込みを入れる。ベーコンを縦半分に切る。

2 パンの中にチーズを入れる

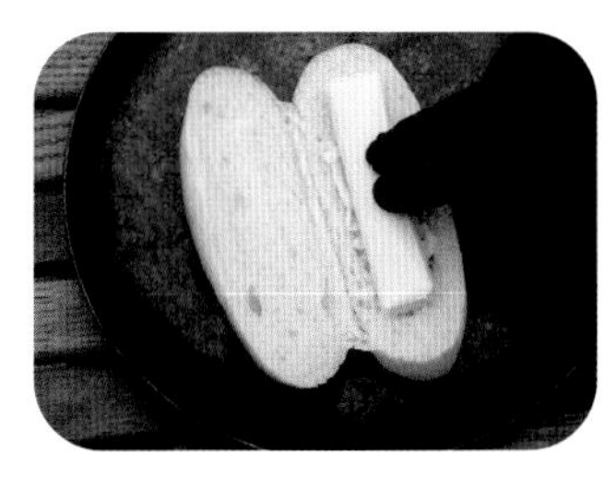

パンの内側を指で押してくぼみをつくり、シュレッドチーズとさけるチーズをのせて挟む。

3 外側をベーコンで包んで焼く

パンの外側を交差するようにベーコンで包み、アルミホイルで2重にくるんで炭火で焼く。

甘いコーンのコクうまな味わい

コーンスープリゾット

材料

水 ……………………………… 150ml
コーンスープの素 ……………… 1袋
ごはん（レトルト）………… 100g
ベーコン（角切り）………… 50g
シュレッドチーズ、青ねぎ
…………………………………… 適量

つくり方

1 鍋でごはんを煮る

鍋に水を入れて沸かし、コーンスープの素とごはん、ベーコンを加えて煮る。

2 チーズと青ねぎをのせる

とろみがついてきたら、シュレッドチーズと青ねぎを入れる。

バーソロ's POINT!

ちがうスープの素を使って味変しても◎。時間がない朝にもパパッとつくれて、体もしっかり温まる。

餅を洋食の定番メニューにアレンジ!

シーフード餅グラタン

材料

マヨネーズ……大さじ1
牛乳……50ml
シーフードミックス（冷凍）……150g
切り餅……2個
粉チーズ、ブラックペッパー……適量

TOOL

つくり方

1 マヨネーズを敷く

スキレットにマヨネーズを敷く。

2 具材を入れて加熱する

牛乳を加えて、シーフードミックスと角切りにした切り餅を入れる。加熱し、ぐつぐつしてきたら粉チーズとブラックペッパーをふる。

バーソロ's POINT!

朝からガッツリ食べたいときにおすすめ。餅は角切りにすると火の通りも早くなって時短に。

毎日食べたくなる極うまおにぎり

角切りベーコンおにぎり

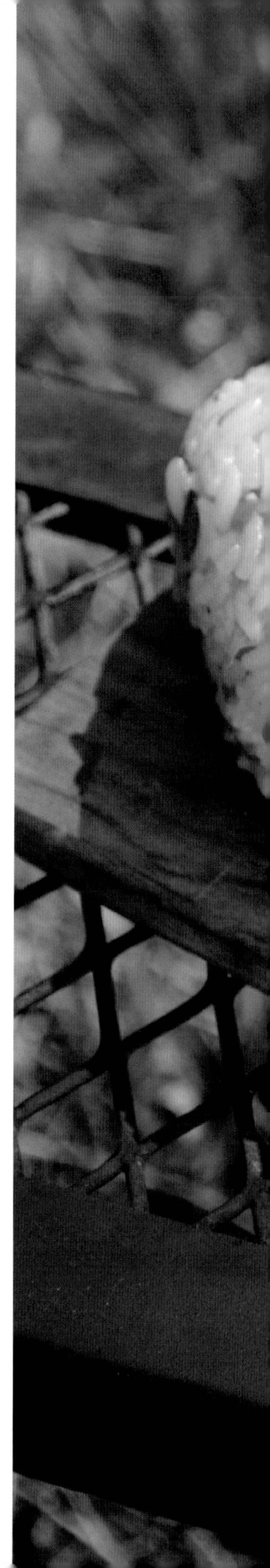

材料

オリーブオイル……適量
ベーコン（角切り）……100g
ねぎ……1/3本
ごはん（レトルト）……200g
プロセスチーズ（個包装のもの）……2個
こしょう、しょうゆ、白ごま……適量

つくり方

1 ベーコンを焼く

フライパンにオリーブオイルをひいて熱し、ベーコンを焼く。

2 調味料とねぎを加える

こしょうとしょうゆ、みじん切りにしたねぎを加える。

3 おにぎりにする

ボウルに **2** と温めたごはん、白ごまを入れてよく混ぜ、6等分にしておにぎりにする。側面に小さく切ったチーズをのせて埋める。

これは
魔王の
おにぎりだ

ベーコン🥓と
チーズ🧀って
ベストカップルだよね😋

バーソロ's POINT!

油分で米がパラパラしているので、おにぎりにするときはラップにくるんで握るのがベター。

CHECK!

2.3万件

納豆好きなら一度は試してほしい

納豆チーズオープンサンド

材料

納豆巻き（市販）……………2本
シュレッドチーズ……………適量

つくり方

1 納豆巻きを広げる

納豆巻きのフィルムを取り、平たく整えて2本を並べる。

2 チーズをのせて炙る

シュレッドチーズをのせ、トーチバーナーで炙る。

バーソロ's POINT!

トーチバーナーがないときは、スキレットや網にのせて全体を加熱しよう。家ならトースターで焼いてもOK。

ごろごろのミートボールが満足度抜群

ミートボールチーズパン

材料

食パン（4枚切り）…………1枚
ミートボール
（市販・10個入り）…………1袋
シュレッドチーズ…………適量

つくり方

1 食パンにミートボールをのせる

食パンの白い部分を押して潰し、ミートボールをのせる。

2 チーズをかけて炙る

シュレッドチーズをかけて、スキレットや網にのせて加熱し、表面をトーチバーナーで炙る。

バーソロ's POINT!

少ない材料でつくれるお手軽朝ごはん。ミートボールのソースもパンにたっぷり塗ろう！

ベーコンとたまごのオープンサンド

材料

食パン（4枚切り）……1枚
ベーコン（角切り）……80g
たまご……1個
シュレッドチーズ……適量
ブラックペッパー、
ドライパセリ、ケチャップ
……適量

つくり方

1 ベーコンで囲いをつくる

食パンのフチにそって、角切りベーコンをのせて囲いをつくる。

2 具材を入れる

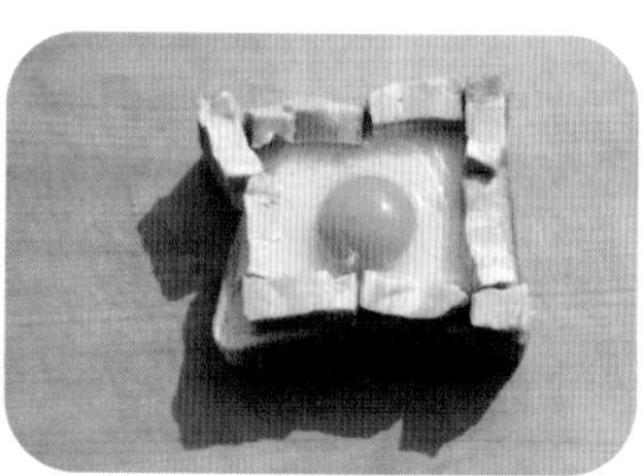

ベーコンの囲いの中にたまごを割り入れ、上からシュレッドチーズをかける。

3 加熱する

スキレットや網で加熱する。焼けたらブラックペッパー、ドライパセリ、ケチャップをかける。

バーソロ's POINT!

見た目が楽しいオープンサンド。たまごが流れてしまわないように、ベーコンの囲いは隙間なくつくろう。